Mgr PERRAUD

ÉVÊQUE D'AUTUN, CHALON ET MÂCON

MEMBRE DE L'ACADÉMIE FRANÇAISE

M. L'ABBÉ ANTOINE GENTY

VICAIRE GÉNÉRAL HONORAIRE

ANCIEN ARCHIDIACRE DU DIOCÈSE D'AUTUN

MORT LE 31 JANVIER 1890

AUTUN

DEJUSSIEU PÈRE ET FILS, IMPRIMEURS DE L'ÉVÊCHÉ

M. L'ABBÉ ANTOINE GENTY

VICAIRE GÉNÉRAL HONORAIRE
ANCIEN ARCHIDIACRE DU DIOCÈSE D'AUTUN
.MORT LE 31 JANVIER 1890.

— ·ç· —

Paray-le-Monial, le 1er février 1890.

MESSIEURS ET CHERS COOPÉRATEURS,

J'ai à vous faire part d'un douloureux événement dont je ne saurais dire qu'il a été imprévu, car depuis plusieurs mois nous l'attendions et nous nous y préparions. Notre bien-aimé vicaire général, naguères encore notre premier archidiacre, M. l'abbé Antoine GENTY, a paisiblement rendu son âme à Dieu hier, dans la soirée du vendredi 31 janvier.

Je viens lui payer hâtivement le tribut de ma profonde et religieuse vénération, et réclamer sans retard pour lui les prières d'un diocèse au service duquel il s'est dépensé, avec un infatigable dévouement, pendant près de cinquante-huit ans de vie sacerdotale.

Né à Vinzelles, dans le Mâconnais, au mois de mai 1808, d'une honnête et simple famille de la campagne, le jeune Antoine Genty n'eut d'autre maître pour ses études élémentaires et secondaires que le curé de Chaintré. Il n'avait fréquenté aucune école publique avant d'être admis au grand Séminaire d'Autun où il fit son entrée à l'âge de dix-sept ans, en octobre 1825. Il devait y attendre, pendant une période de temps relativement considérable, le moment où, à cause de sa jeunesse, les canons de l'Église permettraient de lui conférer les ordres sacrés. Son séjour dans la pieuse maison où, depuis le dix-septième siècle, les futurs ministres du sanctuaire se préparent, sous la direction de MM. de Saint-Sulpice, à franchir les divers degrés de la sainte hiérarchie, ne dura pas moins de sept années. Pendant trois d'entre elles, 1829, 1830 et 1831, il fut investi par ses supérieurs de la mission importante d'être répétiteur de théologie ou maître de conférences de ses jeunes condisciples. Si ses études classiques n'avaient pas reçu les développements dont les ressources ne se trouvent guères en dehors de l'éducation publique donnée dans les collèges ou les séminaires, en revanche, sa formation théologique et ecclésiastique eut une solidité et une profondeur dont bénéficia tout le reste de sa carrière. Il eut soin d'ailleurs d'entretenir jusqu'à la fin, par l'application d'un règlement méthodique, la science élémentaire qu'il avait puisée dans les cours du grand Séminaire. Presque complètement étranger au mouvement de la littérature profane et contemporaine, aux questions d'écoles et aux querelles de partis, aux œuvres et aux auteurs dont ses études ecclésiastiques ne lui avaient pas révélé l'existence, il se tenait volontiers au courant des principales publications relatives à la théologie dogmatique et à la théologie morale, au droit canon, à l'histoire de l'Église. Il avait en outre depuis longtemps contracté une habitude bien connue de ses confrères de la ville d'Autun : c'était d'emporter avec lui, dans ses promenades quotidiennes, outre son bréviaire, un volume d'une édition portative de saint Augustin dont il lisait tous les jours quelques pages. Que de fois, lorsque je l'avais pour compagnon de mes visites pastorales, pendant les trajets en chemin de fer ou en voiture, après la récitation du saint office, je le voyais tirer de son sac de voyage son auteur favori ! Un crayon à la main, il annotait les passages qui l'avaient le plus vivement frappé, ou encore, il s'interrompait quelques instants, pour me les faire lire et m'associer à ses joies intellectuelles et à son édification.

1*

Si bien préparé au sacerdoce par sa piété personnelle, par sept ans de séjour au grand Séminaire, par les soins éclairés de ses directeurs qui n'avaient pas eu de peine à discerner en lui toutes les marques de la plus surnaturelle et solide vocation, l'abbé Genty reçut le saint ordre de la prêtrise des mains de Mgr du Trousset d'Héricourt, le 16 juin 1832. Il y aura bientôt huit ans, nous faisions violence à son humilité et nous étions obligés d'user d'innocents subterfuges pour entourer de quelque solennité les noces d'or de son ordination sacerdotale et célébrer avec lui le cinquantième anniversaire de sa première messe. Sa santé alors admirablement conservée et l'état de ses forces physiques et intellectuelles nous autorisaient à lui exprimer, comme la chose la plus facile à réaliser, notre désir de fêter avec lui en 1892 ses noces de diamant.

Dieu en a autrement décidé, et ce n'est pas sur la terre que le vertueux prêtre redira le *Te Deum* et le *Magnificat* de sa reconnaissance pour « le don inénarrable du sacerdoce. » *Gratias Deo super dono inenarrabili ejus.* [1]

Un mois après son ordination le jeune prêtre était nommé vicaire à Notre-Dame d'Autun. Il y

---

1. II Cor. IX. 15.

eut pour curé M. Violot, mort à quatre-vingt-onze ans le 28 décembre 1886, et pour collègue de vicariat, M. Lebœuf, actuellement curé de Notre-Dame de Beaune, demeuré toujours pour lui depuis cette époque l'ami fidèle que la sainte Ecriture appelle « un remède de vie et d'immortalité [1]. » M. Genty aimait à rappeler les souvenirs des années passées par lui à Notre-Dame, et si la mort n'avait fait de grands vides parmi les générations au milieu desquelles se dépensèrent les neuf premières années de son ministère, il serait facile de recueillir les témoignages les plus édifiants rendus à la piété, au zèle, à la prudence, à la bonne tenue, à l'inépuisable charité du jeune vicaire.

Mgr d'Héricourt avait relevé une société de missionnaires diocésains [2] pour porter secours

1. *Ecclésiastique*, VI. 16.
2. Les missionnaires diocésains d'abord appelés *Prêtres auxiliaires de Saint-Lazare* furent fondés en 1822 par Mgr de Vichy qui les établit dans la maison appelée aujourd'hui Petit-Evêché. Cette institution fut emportée par la révolution de 1830. Leur habitation devint en 1834 la *Maison des hautes études* qui fut placée sous la direction de M. Corbière, mort il y a peu d'années curé d'une importante paroisse de Paris. En 1837, Mgr d'Héricourt essaya une première fois de reconstituer l'œuvre des missionnaires docésains et en confia la direction à

aux curés des paroisses, prêcher des retraites, préparer les populations aux devoirs du temps pascal et la jeunesse aux grâces de la première communion. En 1841, M. Genty fut appelé à la diriger. Il y demeura dix-sept années, y compris les sept durant lesquelles, sans cesser d'appartenir à l'œuvre, il fut envoyé à Cluny comme aumônier des sœurs de Saint-Joseph (1846-1853).

Le 14 mai 1854, Mgr de Marguerye conférait à M. Genty le titre de chanoine honoraire et le rappelait à la résidence des missionnaires dont il lui garda la supériorité jusqu'au mois de juin 1858. Ces dix-sept années peuvent compter parmi les plus laborieuses de toute sa carrière

M. l'abbé Josserand, chanoine, qui avait déjà été supérieur du groupe antérieur à 1830. Après trois années, cette nouvelle tentative échoua. C'est un an après, le 6 janvier 1841, que M. Genty fut mis à la tête d'une nouvelle association dont firent partie dans les commencements M. Tamain, M. Leaumorte, décédé à Charolles en 1875, et M. Vernay, devenu depuis aumônier de la Visitation de Paray ; puis MM. Narjollet, Monnot, Vieillard et plus tard, lorsque M. Genty fut revenu de Cluny et que les missionnaires étaient à Saint-Jean, MM. Pompanon, Thomas et Tachon, et en dernier lieu MM. Petitjean et Rameau. Les Oblats de Marie-Immaculée furent ensuite appelés par Mgr de Marguerye, qui les établit à Saint-Jean et leur confia l'œuvre des missions.

sacerdotale. Parmi ceux qui partagèrent alors ses travaux, et que j'ai personnellement connus, M. Tamain, mort curé de la Clayette, et M. Pompanon, ancien archiprêtre de la Cathédrale, mort curé et provicaire de Saint-Vincent de Chalon, savaient bien des traits édifiants de leur ancien collègue, resté pour eux un frère, même quand les fonctions de vicaire général l'eurent placé au-dessus d'eux dans la hiérarchie diocésaine. Un des derniers compagnons et témoins de ses labeurs apostoliques d'alors, M. l'abbé Thomas, successivement vicaire général d'Autun, évêque de la Rochelle et aujourd'hui archevêque de Rouen, prend sa part de notre deuil et des hommages dont il nous est doux d'entourer la mémoire de son ancien supérieur. En combien de paroisses du diocèse évangélisées par M. Genty pendant cette période de sa vie, ne m'est-il pas arrivé de retrouver, malgré la distance des années, des échos vibrants de ses prédications de missionnaire ! Une foi profonde et communicative, se traduisant par les accents les plus sincères et les plus pénétrants ; la plus pure doctrine de la morale évangélique mise à la portée des auditeurs de tout âge et de toute condition ; puis, en dehors du labeur de la chaire, l'assiduité au tribunal de la Pénitence ; la patience avec laquelle l'apôtre recevait les

pécheurs repentants, leur facilitait la salutaire
humiliation des aveux pénibles, les relevait par
d'encourageantes paroles et entourait constam-
ment d'une sagesse et d'une gravité surnaturelles
l'exercice de ce ministère si délicat dans lequel
le confesseur doit être tout à la fois un confident
et un juge, un ami et un médecin, un censeur
des mœurs et un père des âmes ; enfin, la sûreté
de ses décisions et l'autorité des conseils de vie
parfaite que son expérience personnelle lui per-
mettait de donner aux fidèles capables d'entendre les appels privilégiés de la grâce ; ajoutons
encore l'aménité et la cordialité de ses relations
avec les curés dont il recevait l'hospitalité, son
charitable empressement à visiter les pauvres,
à consoler les malades, toutes ces choses étaient
bien faites pour laisser dans une paroisse des
traces profondes et d'ineffaçables souvenirs.

Le 8 juin 1858, l'abbé Genty était nommé
à l'aumônerie du Saint-Sacrement, dont il
exerça les fonctions pendant neuf ans, c'est-à-
dire jusqu'au 7 mai 1867, jour où il fut transféré
à l'aumônerie du Carmel d'Autun.

En 1872, après la démission de Mgr de
Marguerye et le départ de Mgr Bouange, vicaire
général et supérieur des sœurs du Saint-
Enfant-Jésus de Chauffailles, M. Genty eut
mission de remplacer dans la direction de cette

famille religieuse le savant et regretté protono-
taire apostolique, retourné dans son pays natal
pour y devenir curé de Saint-Géraud d'Au-
rillac, en attendant le moment, trop tardif peut-
être, où il devait être appelé à gouverner pour
peu d'années le siège épiscopal de Langres.
théâtre suprême de son zèle et de son dévouement. On le voit, la divine Providence prédes-
tinait visiblement le digne prêtre à mettre de
plus en plus ses connaissances théologiques et
sa charité sacerdotale au service des portions
plus réservées du troupeau de Jésus-Christ,
je veux dire de ces âmes qui, après s'être volon-
tairement séparées du monde par la profession
religieuse, se vouent à la poursuite constante
de la perfection. Si j'ajoute que depuis longtemps M. Genty prenait une sollicitude particu-
lière des sœurs du Tiers-Ordre du Carmel, fondées
à Autun par M. l'abbé Devoucoux, mort en 1870
évêque d'Évreux; et qu'il était le confesseur
ordinaire ou extraordinaire des Carmélites, des
sœurs de la Charité de Nevers, des filles de
Saint-Vincent de Paul, le père spirituel de la
Visitation d'Autun, j'aurai donné une idée du
bien considérable, d'ordre très surnaturel et
caché, accompli par lui depuis l'époque où il
avait été chargé par Mgr d'Héricourt de l'aumônerie de Cluny.

Lorsque mon prédécesseur immédiat, de si regrettée mémoire, Mgr de Léséleuc de Kerouara, fut appelé à prendre possession de ce siège épiscopal d'Autun, qu'il devait occuper dix mois seulement, il dut chercher un nouveau vicaire général pour remplacer Mgr Bouange. M. Genty fut présenté au choix du gouvernement et agréé par décret du 13 avril 1873. Après la mort cruellement soudaine du Pontife, qui semblait n'avoir été arraché à sa chère Bretagne que pour venir mourir prématurément à l'ombre du clocher de Saint-Lazare, ses deux vicaires généraux, MM. Lelong et Genty, nommés vicaires capitulaires, furent institués en cette qualité le 9 janvier 1874. C'était la veille même du jour où un décret de M. le maréchal de Mac-Mahon, président de la République, sanctionnant l'accord intervenu entre Sa Sainteté le Pape Pie IX et le gouvernement français, me confiait la succession de Mgr de Léséleuc, enlevé le 16 décembre 1873 à l'affection et à la confiance de ses diocésains. Immédiatement après ma préconisation dans le consistoire du 4 mai et ma prise de possession officielle, je confirmai dans leurs pouvoirs les deux vicaires généraux que semblait m'avoir légués mon vénérable prédécesseur. Trois ans après, je devais, pour le bien général de l'Église de

France et pour l'avantage particulier du diocèse
de Nevers, accomplir un douloureux sacrifice.
Il m'était imposé par l'élévation si méritée de
M. l'abbé Lelong, nommé à l'évêché de Nevers
en remplacement de Mgr de Ladoue. De ce fait,
M. Genty devenait premier archidiacre du diocèse. Il en a exercé les fonctions pendant
plus de quinze ans, secondé par l'actif et cordial
dévouement de son jeune collègue, M. l'abbé
Mangematin, jusqu'au jour, de date récente,
où, vaincu par la maladie et ne voulant pas
imposer plus longtemps ni à son évêque ni à ses
collaborateurs un surcroît extraordinaire de
sollicitudes et de labeurs, il me pria d'agréer sa
démission. Je ne l'acceptai d'abord qu'à titre
provisoire et je ne voulus la considérer comme
définitive que lorsque, d'accord avec l'administration des cultes qui mit d'ailleurs à régler
cette affaire le plus obligeant empressement,
j'eus fait assurer au vénérable vieillard une
pension de retraite en rapport avec sa situation,
ses services et ses besoins.

Depuis le mois de mai 1889, M. Genty était
entré dans sa quatre-vingt-unième année. Sa
vigoureuse constitution, qui s'était jusqu'alors
maintenue dans un équilibre étonnant, com-
mençait à s'ébranler. Il ne s'était qu'incomplè-
tement remis d'une pneumonie dont il avait été

assailli pendant l'hiver. Il lui en était demeuré
de l'oppression et de l'irrégularité dans le fonc-
tionnement normal du cœur. Vers la fin de
juin, ces symptômes inquiétants semblèrent un
instant disparaître et M. Genty se fit une fête
de m'accompagner dans le voisinage de son
pays natal à la Chapelle-de-Guinchay, dont je
devais consacrer l'église monumentale. Peu de
jours avant la cérémonie, les malaises recom-
mencèrent et M. Genty dut renoncer au voyage
tant désiré. Pendant le mois de juillet, les
désordres du cœur s'accentuèrent, et une con-
gestion pulmonaire, survenue au commencement
du mois suivant, nous fit craindre que le moment de la séparation finale ne fût plus bien
éloigné. Sur l'avis de M. le docteur Gillot,
toujours attentif à se préoccuper du bien spirituel des malades auxquels il prodigue sans
relâche sa science et son expérience, son temps
et ses soins, je proposai à M. Genty de recevoir
les derniers sacrements, et le samedi 10 août au
matin, assisté par MM. les chanoines, j'eus la
triste consolation de les administrer moi - même
à notre cher vicaire général. D'un esprit très
lucide et avec la plus parfaite sérénité d'âme,
il s'unit aux cérémonies et aux prières de la
sainte liturgie, puis me remercia de m'être
acquitté du ministère austère et fortifiant par

lequel l'Eglise prépare ses enfants aux assauts du suprême combat.

Toutefois, nous avions compté, d'une part sans le robuste tempérament du malade, et de l'autre, sans la résolution de ses filles du Tiers-Ordre, décidées à ne rien épargner pour arracher leur père à la mort. Dès le jour même où il avait reçu le saint viatique et l'extrême-onction, elles organisèrent neuvaines sur neuvaines. Les rosaires et les chemins de croix furent largement mis à contribution, sans compter les · pénitences des grands Carmels d'Autun et de Chalon et les ligues de prières instituées à Chauffailles, à Cluny et dans les diverses communautés d'Autun et du diocèse. Le ciel encourageait visiblement ces pieuses audaces. Dès la fin du mois d'août, un mieux sensible s'était manifesté. Dès lors, et durant les deux mois qui suivirent, M. Genty put retrouver assez de forces pour célébrer de temps en temps la sainte messe. Pendant le mois d'octobre, lorsque les exercices du saint Rosaire se faisaient dans la chapelle du Tiers-Ordre, il aimait à y venir et à prendre sa part, devant le très saint Sacrement, de la récitation et de la méditation des mystères fondamentaux de notre foi. Cette convalescence inespérée mettait tout le monde autour de lui en joie, en actions de grâces et en redoublement d'espoir. On se disait que, puisqu'il était revenu de si loin, il était évidemment doué d'une constitution exceptionnellement résistante ; qu'il ne serait pas impossible de prolonger encore sa vie, et que si l'on obtenait, à force de prières et de soins, de lui faire traverser l'hiver, ce ne serait pas une espérance chimérique de prétendre le conserver jusqu'à l'accomplissement intégral de sa quatre-vingt-deuxième année, plus longtemps peut-être encore. En un mot, la reconnaissance, l'affection, la vénération, l'esprit de foi, la confiance dans l'efficacité de la prière, tous ces bons sentiments se réunissaient pour faire autour du malade une sorte de rempart inexpugnable contre lequel seraient venus se briser les assauts de la mort. Qui sait même si, dans son entourage immédiat, on n'aurait pas été jusqu'à répéter le propos légendaire inspiré aux premiers chrétiens par la sainte vieillesse de l'apôtre privilégié qui avait reposé sur le cœur du Maître au banquet de la Cène et avait été établi par lui le gardien et le protecteur de Marie. « Le bruit s'était répandu parmi les frères que ce disciple ne mourrait pas. »

Mais après avoir reproduit cette parole, l'Évangile nous remet brusquement en face de l'universelle et inexorable loi : « Jésus n'avait

» pas dit : Jean ne mourra pas ; mais il avait dit :
» Si je veux qu'il demeure dans cet état jusqu'à
» ce que je vienne, que vous importe ? » [1]

Durant le cours des derniers mois, Jésus vint
souvent visiter et fortifier notre digne collabo-
rateur en se donnant à lui dans son adorable
Eucharistie. L'heure toutefois n'était pas éloignée
où il devait faire retentir à ses oreilles et à son
cœur l'appel décisif du temps à l'éternité :
« Venez, suivez-moi ! »

Il y a trois semaines, averti que des symptômes inquiétants avaient reparu et que la
faiblesse augmentait rapidement, je quittai pour
vingt-quatre heures ma solitude de Paray afin
d'aller à Autun porter au moribond une bé-
nédiction suprême. C'était précisément aux
premières vêpres de saint Antoine, son patron.
Déjà, je m'étais mis en mesure de lui souhai-
ter sa fête, en lui écrivant la veille quelques
lignes affectueuses. J'arrivai auprès de lui
quelques heures seulement après que M.
l'abbé Gauthey lui eût donné lecture de ma
lettre. Sa surprise, sa joie, son émotion de me
revoir après plus de deux mois et demi de
séparation ; les larmes qui coulaient de ses yeux,
les touchantes paroles par lesquelles il m'expri-

1. S. Jean XXI, 23

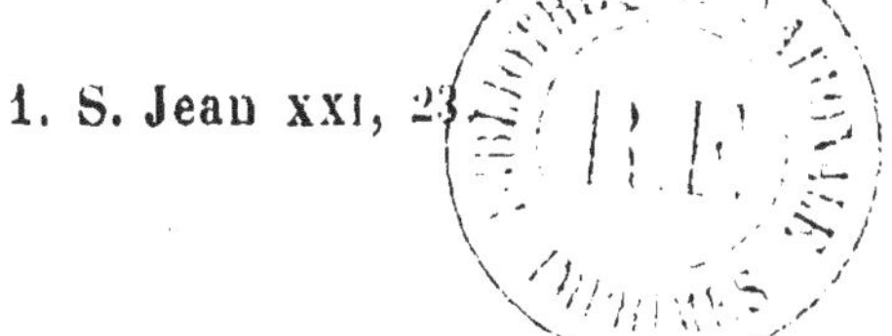

mait tout à la fois son respect, sa reconnaissance, son affection : ni moi ni les témoins de cette scène intime, nous ne l'oublierons jamais. Le lendemain, avant de prendre la route de Paray, je retournai encore le voir. Il était assis dans son fauteuil ; il me remercia de nouveau avec effusion du voyage que j'avais fait pour venir le voir et je le quittai, non sans l'avoir bien cordialement et respectueusement embrassé et béni.

Depuis ce jour, les forces continuèrent à décliner avec une progression lente, mais ininterrompue. Le bon vieillard aurait pu s'appliquer à la lettre ce que saint Paul disait de lui-même, vers la fin de son laborieux apostolat : « Je m'en vais goutte à goutte. » *Ego enim jam delibor.* [1]

La vie ne disparaissait que d'une façon presque insensible. Toutefois elle baissait et l'on ne pouvait plus se méprendre sur l'issue d'un combat dans lequel les plus robustes finissent toujours par être vaincus. Le 20 janvier, M. Picard, supérieur du grand Séminaire, donna pour la seconde fois au mourant, dont il était le confesseur, l'extrême-onction qu'il avait déjà reçue de mes mains le 10 août. Les règles de la

---

1. II. Tim. IV, 6.

théologie autorisaient cette faveur, puisque pendant les mois de septembre et d'octobre il y avait eu une véritable convalescence, et que M. Genty avait pu un certain nombre de fois sortir pour aller célébrer le saint sacrifice dans la chapelle voisine. A partir de ce moment, les crises de suffocation se multiplièrent. Dans la nuit du 28 au 29, à travers un sommeil entrecoupé, le malade invoquait saint François de Sales et se préparait à communier encore une fois, qui devait être la dernière, en laissant échapper de son cœur si habituellement uni à Dieu de brûlantes aspirations : « Jésus attendu ! Jésus venu ! etc..... »

Enfin, dans la journée du vendredi 31 janvier, l'agonie commença. Au moment suprême, MM. Mangematin et Planus entouraient encore de leurs prières et de leurs bénédictions sacerdotales leur vénéré confrère, conduit ainsi par leur charité jusqu'aux parvis mêmes de la Jérusalem céleste. A cinq heures et demie du soir, le bon serviteur entrait « dans la joie de son maître ».

Telles ont été, Messieurs et chers Coopérateurs, la vie et la mort de notre cher vicaire général. A un an de distance, jour pour jour, il a été rejoindre au sein de Dieu son excellent cousin, M. le chanoine Antoine Boullay. Tous deux, escortés dans la tombe par les regrets unanimes du clergé, nous auront laissé l'exemple des plus édifiantes vertus et, pour employer le suave langage de nos Écritures, leur souvenir demeurera parmi nous doux et odorant comme le parfum d'un rayon de miel. *Memoria Josiæ in compositionem odoris....... in omni ore quasi mel indulcabitur ejus memoria.* [1]

La plupart d'entre vous, Messieurs, dans leurs relations d'affaires avec l'administration diocésaine, ont été souvent à même d'apprécier l'inépuisable bonté de notre ancien archidiacre. Il aimait toujours à pouvoir faire plaisir; si le devoir d'état lui imposait parfois l'obligation d'user de paroles sévères, à l'accent qu'il y mettait et aux procédés dont il savait les entourer, on s'apercevait bien vite que c'était encore la charité la plus tendre pour ses frères dans le sacerdoce qui inspirait son langage et ses actes.

Dans ce diocèse, où il a rempli les emplois les plus divers, sauf celui de curé, il aura vraiment passé en faisant beaucoup de bien, et uniquement occupé des fonctions auxquelles l'appelèrent successivement les quatre Évêques sous lesquels se sont écoulées ses cinquante-huit

---

1. Eccli. XLIX. 1, 2.

années de sacerdoce. Il aura parcouru un long chemin en ce siècle tourmenté sans avoir jamais ressenti bien vivement le contre-coup de ses agitations. N'ayant jamais vécu dans le monde, ou ne l'ayant connu que dans la mesure où son ministère lui en avait imposé l'obligation, il portait partout avec lui, à la fois par tempérament naturel et par attrait de grâce, la paix profonde du sanctuaire et une sorte de bienheureuse quiétude que les événements parvenaient difficilement à troubler. Cette vie, tout entière si droite, si pure, si persévéramment donnée à Dieu et pénétrée de sa grâce, aura été semblable à un de ces lacs entourés par de hautes montagnes au pied desquelles expirent les orages les plus violents. Tandis qu'au loin, la tempête déracine les chênes séculaires des forêts ou creuse au sein de l'océan d'insondables abimes, c'est à peine si elle parvient à rider la surface des eaux paisibles qui reflètent dans leur transparente profondeur l'azur des cieux.

Je voyais aujourd'hui nos campagnes du Charollais baignées dans la splendeur d'un beau soleil d'hiver devant lequel avaient disparu les nuages froids et sombres des jours précédents ; et je pensais au ravissement des âmes justes, lorsqu'elles sortent de la brume de la vie pré-

sente pour entrer dans la cité bienheureuse « qui
» n'a besoin pour être éclairée ni du soleil ni
» d'aucun astre, parce qu'elle brille de la
» clarté même de Dieu et qu'elle reçoit toute sa
» lumière de l'Agneau. » [1]

Cher M. Genty, c'est ici même, à Paray, que
je vous voyais pour la première fois, lorsque, il
y a bientôt seize ans, vous accouriez au-devant
de votre nouvel Évêque, le jour où il avait
résolu d'inaugurer par un pèlerinage au sanctuaire du Sacré-Cœur sa prise de possession
et les débuts de son apostolat dans le diocèse.
Vous m'attendiez là, sur le quai de la gare, dans
cette inoubliable matinée du 9 juillet 1874,
entouré de ces respectables prêtres, M. Vial
d'Alais, curé de Paray, M. Cucherat, aumônier
de l'hôpital, rappelés à Dieu avant vous, et de
ce bon M. Vernay, aumônier de la Visitation,
votre ancien collègue de la maison des Missionnaires, qui du fond de sa retraite de Rome vous
donnera, je n'en doute pas, le souvenir de
l'amitié sacerdotale et le suffrage de ses chari-
tables prières.

Ainsi j'ai vu déjà se renouveler entièrement
autour de moi le clergé de cette cité de Paray,
et je constate chaque jour la saisissante vérité

1. Apoc. xxi, 23.

de ces paroles de l'Écriture : « Une génération
» passe, et une autre génération arrive... et
» toutes choses disparaissent, suivant les temps
» qui leur sont marqués » [1]; et vous, bien-aimés
défunts, qui avez partagé mes labeurs au service
du diocèse, chaque fois que l'un de vous disparaît,
je crois l'entendre me redire à travers le silence
de la tombe l'avertissement consigné dans nos
Livres saints : « Hier, c'est à nous que Dieu
» faisait signe de sortir de ce monde; bientôt ce
» sera votre tour. » [2]

Profitons tous, mes chers Coopérateurs, de
ces austères leçons de la mort pour nous préparer sans relâche aux jugements de Dieu. La
foi nous le dit : ces jugements sont redou-
tables, même pour les plus parfaits. Isaïe nous
représente les Séraphins se voilant la face devant
Dieu, comme s'ils ne pouvaient supporter l'éclat
de son infinie pureté, et lui-même décrit son
embarras et sa terreur, parce qu'il se trouve,
lui, pauvre pécheur aux lèvres souillées, en la
présence immédiate du Saint des Saints. [3]

Prions donc pour nos amis, même quand
l'intégrité de leur vie et leur persévérance finale

1. Ecclésiaste, I, 4 ; III, 1.
2. Mihi heri et tibi hodie.
3. Isaïe VI.

dans le bien nous donne toute sécurité au sujet de leur salut, et afin de rendre plus efficaces les oraisons et les bonnes œuvres que nous offrirons au Seigneur pour ces âmes si chères, ne nous lassons pas de travailler à la sanctification de la nôtre ; rendons-la chaque jour moins indigne d'affronter, quand l'heure sera venue, les jugements de l'éternelle Justice.

Je prie le Cœur de Jésus, Messieurs et chers Coopérateurs, de répandre sur vos personnes et sur les travaux de votre ministère l'abondance de ses bénédictions.

† ADOLPHE-LOUIS,

ÉVÊQUE D'AUTUN, CHALON ET MACON.

Autun. — Dejussieu, imp. de l'Évêché.